REQUÊTE

AU NOM

À DES EVÊQUES ACCEPTANS,

Présentée à Son Altesse Royale Monseigneur le Duc D'ORLEANS, Regent du Royaume, par M. le Cardinal de Rohan, au sujet de l'Acceptation de la Bulle Unigenitus.

M. DCC. XVIII.

A

SON ALTESSE ROYALE

MONSEIGNEUR

LE DUC D'ORLEANS,

REGENT DU ROYAUME.

Monseigneur,

Penetrez de la plus vive douleur à la
vûë des troubles qui agitent l'Eglise de
France, & qui loin de diminuer, sem-
blent s'accroître chaque jour, & prendre de nouvelles forces; à qui pouvons-
nous avoir recours sinon à V. A. R?
Ne lui devons-nous pas nos respects,
& notre confiance ; & ne les devons-
nous pas autant à la droiture de ses intentions, à l'étenduë de ses lumieres,
& à son attachement aux interêts de
l'Eglise, qu'à sa naissance, & au droit
de nous gouverner qu'elle lui a transf-
mis ? Souffrez donc, Monseigneur, que
nous renouvellions en commun auprès
de V. A. R. les très-humbles instances

A

que plusieurs d'entre-nous ont pris la liberté de lui faire en particulier ; & que nous la supplions, d'acorder toute sa protection à la religion & à l'Eglise. Ce sont - là vos dispositions, Monseigneur ; vous nous avez dit souvent, & nous l'avons toûjours entendu avec joïe & avec édification, que vous désireriez ardemment la fin des contestations qui se sont élevées à l'occasion de la Bulle *Unigenitus* : & nous avons vû V. A. R. au milieu des grandes & penibles occupations que lui donne l'administration de l'Etat, quitter plus d'une fois le fort de son travail, pour écouter avec bonté nos prieres, & nos remontrances. Mais si celles que nous osons lui porter aujourd'hui, n'ajoûtent rien au zéle dont vous êtes rempli pour procurer la paix de l'Eglise, elles l'autorisent en quelque façon, ce zéle digne de V. A. R. & nous esperons qu'elles lui donneront encore des moïens pour bannir désormais toute apparence de division, & pour rétablir enfin une parfaite union entre les Pasteurs du Royaume.

La matiere que nous avons à traiter nous conduira sans doute au delà des bornes d'une lettre ordinaire ; mais il s'agit d'une affaire des plus importantes qu'il y ait euë dans l'Eglife ; d'ailleurs nous nous adreffons à un Prince d'un travail infatigable , d'une pénétration fuperieure , & d'une bonté qui fait l'admiration & la confiance de ceux qui l'approchent. A Dieu ne plaife qu'en entreprenant de vous rendre compte de ce qui s'eft paffé dans l'acceptation de la Bulle *Unigenitus*, nous nous propofions de nous élever aux dépens de nos confreres. Non Monfeigneur ; nous voulons la paix ; nous la défirons avec les vœux les plus ardents & les plus finceres ; nous comprenons de quelle importance elle eft pour l'Eglife , pour l'Etat , pour la facrée perfonne du Roi & pour V.A.R.

Depuis le trifte jour , où fur la fin de l'affemblée de 1713. quelques Prélats diftingués par leur rang , leur merite & leur pieté crûrent devoir prendre un parti different de celui que nous avons pris ; nous n'avons point ceffé de demander à Dieu , & de chercher les moyens de faire finir cette divifion, Dieu nous eft témoin des efforts fecrets que nous avons fait pour y réüffir ; & pendant que la malignité du fiécle nous attribuoit des vûës ambitieufes,

timides ou intereſſées, nous travail-
lions, nous ſollicitions de la meilleure
foi du monde, en faveur de ceux qu'on
vouloit, diſoit-on, pouſſer aux dernieres extremitez. Mais c'eſt à nous à
donner l'exemple de laiſſer ſous le
voile du ſecret & du ſilence pluſieurs
choſes pour le tems de la révélation
générale qui ſe doit faire au dernier
jour, appellé le jour du Seigneur ;
parce qu'en ce jour tout retournera
manifeſtement à ſa gloire ; le point
eſſentiel eſt de demeurer inviolable-
ment attaché à notre devoir, & de l'accomplir, au travers même de la bonne
& de la mauvaiſe renommée.

Nous n'expoſerons donc icy à V.
A. R. que ce qui eſt neceſſaire pour
lui faire connoître en premier lieu, que
l'aſſemblée de 1714. a prononcé ſelon
la juſtice & la verité, lorſqu'elle acceptoit la Conſtitution en condamnant le livre des Reflexions morales,
& les 101. Propoſitions qui en ont été
tirées de la maniere & avec les mêmes
qualifications que le Pape les a condamnées.

En ſecond lieu, que cette aſſemblée,
loin comme on a voulu le faire croire,
d'avoir voulu trahir l'honneur du ca-

ractére Episcopal & les libertez de l'E-
glise Gallicane , a soutenu dignement
les droits des Evêques , & qu'elle s'est
conformée exactement aux anciens
Canons, & aux exemples les plus autentiques qui nous ont été donnez par
nos prédécesseurs.

Si nous sommes assez heureux ,
Monseigneur , pour vous bien con-
vaincre de ces deux points, & nous
l'esperons avec toute la confiance que
donne la verité , V. A. R. engagera
tous les Prélats qui jusqu'à présent ont
suspendu leurs acceptations, à recevoir
la Bulle, & à la faire publier dans leurs
Diocéses; elle imposera silence à la ca-
lomnie ; elle confondra les Novateurs;
elle procurera la paix de l'Eglise ; &
devant à V. A. R. une union pour laquelle nous aurions sacrifiez nos vies ,
nous les emploïerons avec autant de
joïe , que de reconnoissance à benir le
Seigneur, qui dans la douleur que nous
avons d'avoir perdu le plus grand Roy
du monde , nous donne la consolation
d'avoir à la tête du Royaume le Prince
le plus digne de le gouverner, & le
plus propre à instruire dans l'art de
regner notre jeune & précieux Monar-
que.

A 3

.Pour faire connoître à V. A. R. la juſtice de notre cenſure., nous n'avons qu'à lui expoſer., & nous ne craignons point d'être deſavoüiez par ſa Sainteté, les erreurs que nous avons condamnées , & les veritez que nous avons établies , en nous conformant à la Bulle par notre acceptation ; & cela ſans bleſſer la liberté des Ecoles auſquelles nous ſommes bien éloignez d'avoir donné aucune atteinte. Nos ſentiments ſont contenus plus au long dans notre inſtruction Paſtorale , dont les principes avoient encore été plus amplement expliquez par le rapport que M. le Cardinal de Rohan avoit fait dans l'aſſemblée de 1714. Mais nous eſperons , Monſeigneur., que le détail que nous avons l'honneur de vous préſenter , ſera , quoyque moins étendu , ſi exact & ſi précis , que vous connoîtrez parfaitement le veritable ſens de la Bulle. Par-là V. A. R. ſe trouvera en état de faire voir évidemment aux Prélats qui ne l'ont point acceptée encore , qu'ils n'ont pas lieu de craindre qu'on en abuſe , ſoit pour alterer la verité , & pour priver les écoles Theologiques de la liberté que l'Egliſe leur a laiſſé ; ſoit pour faire naître des queftions interminables; & que par une jufte confequence, rien ne peut plus les empécher d'accepter la Conftitution, & de la publier dans leurs Dio-céfes.

Nous avons reconnu en général que le principal objet de la Bulle étoit de condamner les erreurs qui ont rapport pour le dogme fpeculatif au Janfénif-me; & pour la morale & la difcipline à certains principes outrez, & à certaines maximes fauffes & pernicieufes que les Janféniftes, & d'autres encoré n'ont voulu que trop introduire dans ces derniers tems. Au Janfénifme, telles que font l'exclufion de la Grace fuffifante de la maniére qu'elle fera ci-après expliquée, une Grace néceffitante, & irrefiftible, la négation de la volonté par laquelle Dieu veut le falut éternel, & la rédemption des Fideles, & leur donne les moyens néceffaires de pouvoir fe fauver. Aux principes outrez dans la Morale, tels que font la foi abfolument inutile, à moins qu'elle ne foit vivante; la néceffité de la charité proprement dite pour toutes bonnes œuvres, l'inutilité, ou même le vice de la crainte des peines éter-nelles, le péché continuel dans les actions des Payens, & fous le regne de la cupidité dominante, le délai univerfel de l'abfolution dans le Sacrement de Pénitence. Enfin aux maximes fauffes & pernicieufes dans la difcipline, telles que celles qui infpirent le mépris de l'autorité Epifcopale, tant par rapport aux cenfures, que par rapport au droit qu'ont les Evéques de régler l'Office divin, d'exiger des Fidéles dans la lecture des Livres faints, la fubordination, la foumiffion, & la dépendance, dont ils ne peuvent fe difpenfer, & même de rétirer l'Ecriture de leurs mains dans des cas, & des circonftances particulières. Ce font les erreurs profcrites par la Bulle *Unigenitus*.

Mais en même-tems nous avons été convaincus qu'elle ne donnoit aucune atteinte à la Grace forte & victorieufe, que la foi nous enfeigne & que toutes les Ecoles reconnoiffent, ni aux fentimens des Thomiftes, & d'un grand nombre de Théologiens qui foutiennent que cette Grace eft efficace par elle-même, & qu'elle eft néceffaire pour toute œuvre de pieté. De même la Bulle ne renferme rien de contraire à la différence des deux loix, ni à la volonté très-speciale de Dieu pour le salut de Elûs, ni au sentiment de la néceffité de l'amour de Dieu, pour la juftification dans le Sacrement de Pénitence, ni aux régles de faint Charles pour l'adminiftration de ce Sacrement. Telle eft en général l'idée que l'on doit fe former de la Bulle en particulier. Nous l'avons divifée en huit articles principaux, aufquels elle fe réduit toute entiére. Le premier regarde la Grace; le fecond les Vertus Théologales; le troifiéme la crainte des peines; le quatriéme l'Eglife; le cinquiéme l'Ecriture Sainte; le fixiéme la Pénitence; le feptiéme les Cenfures; le huitiéme regarde enfin les Perfécutions. On verra par l'expofition que nous allons faire de ces huit articles que les expreffions des Saints Péres entenduës felon leur propre fens, ou felon celui qui leur eft donné communément dans les Ecoles Catholiques, ne fouffrent aucune atteinte; & que fa Sainteté ne condamne que l'abus qu'on en fait, & qu'on en peut faire.

Sur la Grace.

Nous avons reconnu que fa Sainteté

en cenſurant les Propoſitions qui trai-
tent des matiéres de la Grace, & de
la volonté de Dieu pour le ſalut de
tous les hommes, loin de ſe relâcher
en rien du zéle, & de l'attachement
que les Souverains Pontifes, & Elle en
particulier, ont fait paroître pour la
Doctrine de S. Auguſtin, & de Saint
Thomas ſur la Prédeſtination & ſur la
Grace, ni de vouloir préjudicier au
ſentiment des Thomiſtes, & d'un grand
nombre de Théologiens, qui ſoutien-
nent que la Grace forte & victorieuſe
que la foi nous enſeigne, & que toutes les Ecoles reconnoiſſent, eſt efficace par elle-même, & qu'elle eſt néceſſaire pour toute œuvre de pieté ;
que ſa Sainteté condamne ſeulement
ceux qui ne reconnoiſſent point ces
Graces intérieures, que ces Ecoles ap-
pellent ſuffiſantes, & qui donnent le
pouvoir véritable & complet de faire
le bien, pour lequel elles ſont données ; quoi qu'on ne le faſſe jamais
avec ces Graces, entant que ſuffiſantes : ſans que par cette condamnation
le ſentiment des Théologiens qui re-
fuſent ces Graces aux aveugles & aux
endurcis, & qui ne croyent pas qu'elles
ſoient données à tous les Fidéles, re-

çoivent aucune atteinte; & qu'on puisse conclure de la même condamnation, que l'opinion de ceux qui croyent que les endurcis sont privez de graces, & que cependant ils péchent, & que le péché leur est imputé, ait été condamnée. Sa Sainteté condamne seulement ceux qui enseignent que les Graces extérieures qui ne donnent pas ce que Dieu commande, ne servent que pour endurcir; comme si l'endurcissement du pécheur pouvoit être attribué à ces Graces; que quelques commandemens de Dieu sont impossibles aux justes qui font leurs efforts, lors même qu'ils veulent, & qu'ils s'efforcent de les accomplir selon la grace qu'ils ont; & qui prétendent que la Grace qui les rend possibles leur manque, aussi-bien que celle qui fait faire le bien; qu'il n'y a aucune Grace interieure qui n'ait tout l'effet pour lequel elle est donnée, & avec laquelle on ne fasse tout ce dont elle donne le vrai pouvoir, & que ceux à qui la Grace toute puissante est donnée, sont dans une vraye impuissance d'y résister.

Sa Sainteté condamne encore ceux qui confondroient l'indifférence ac-

tive & néceffaire pour mériter & démériter dans l'état préfent ; & le pouvoir de réfifter, foit à la grace la plus puiffante, foit aux tentations les plus fortes, avec des principes dont on pourroit conclure, que Dieu feroit dans l'obligation d'augmenter fes Graces à proportion que l'homme s'en rend plus indigne par fes crimes ; & qui combattroient la Doctrine de l'Eglife touchant les forces du libre arbitre diminuées & affoiblies par le péché ; qui pour donner tout à la Grace dans l'ouvrage du Salut, nieroient la coopération du libre arbitre, & ne reconnoîtroient pas que la volonté dans le même tems que la Grace l'excite plus puiffamment, ou que la tentation la preffe plus fortement, peut actuellement réfifter à l'attrait de l'une & de l'autre ; & que par conféquent fous la Grace la plus forte, & la tentation la plus violente, elle eft toujours exempte non-feulement de contrainte ; mais encore de toute néceffité véritable, & proprement dite dans le tems qu'on agit ; qui confondroient dans le tems d'innocence la Grace avec la nature, & dans l'état préfent nieroient la liberté, & confé-
quemment

quemment les mérites des bonnes œuvres. Qui abufant de cette vérité, que
Dieu en couronnant nos mérites cou-
ronne fes dons, diroient que l'ufage,
l'accroiffement & la récompenfe de la
foi font tellement des dons de Dieu,
qu'ils ne foient pas auffi les mérites de
l'homme jufte. Qui fe ferviroient
des comparaifons de JESUS-CHRIST,
de fon Incarnation, de fa Réfurrec-
tion, & de fes miracles, pour donner
une idée de l'accord de la Grace avec
la Liberté ; quoi qu'en fuivant l'efprit
des Livres faints, & des Péres de l'E-
glife, on puiffe en faire pour prouver
la gratuité & la force de la Grace. Qui
croiroient que nous ne fommes juftes
que par une feule imputation de la
juftice de JESUS-CHRIST, fans qu'elle
devienne notre propre juftice interieure & inhérante. Qui ne reconnoiffant
que la volonté abfoluë par laquelle
Dieu veut le Salut des Elûs, laquelle
s'accomplit infailliblement, & à laquelle on ne peut jamais réfifter, quoi
qu'on puiffe toujours réfifter à la Grace
la plus forte ; n'admettroient pas cette volonté conditionnelle, par laquelle
Dieu veut le Salut éternel, & la rédemption des Fidéles, & leur donne

B

les moyens néceffaires pour pouvoir fe fauver. Qui oferoient foûtenir que Jesus-Christ eft mort pour le Salut feulement des Prédeftinez : & ceux qui fous prétexte de l'impuiffance que l'Apôtre attribuë à l'ancienne alliance, bien inferieure à la nouvelle , dont le caractére eft la charité , & qui donne par elle-même la Grace apportée par Jesus-Christ ; diroient que Dieu laiffoit dans l'impuiffance les hommes qui vivoient du tems de la Loy , & ne reconnoîtroient pas avant la Loi , & du tems de la Loi, des Juftes , & des Enfans de Dieu , qui ont été fanctifiez par la foi dans le Médiateur : quoy-qu'il foit vrai de dire que la Loi an-cienne qui étoit bonne , fainte , & juf-te , mais dont la crainte étoit le carac-tére, & qui a été rejettée à caufe de fa foibleffe , comme parle l'Apôtre , n'o-péroit pas par elle-même la Grace , & ne donnoit pas par elle-même des en-fans à Dieu , & qu'il n'y ait eu dans l'ancienne alliance aucune Grace que par Jesus-Christ.

Enfin nous avons jugé que le Pape condamnoit ceux qui renouvellant des propofitions déja cenfurées par le Saint Siége : Sçavoir que toutes les œuvres

des infidéles font des péchez , & que
fans la grace de Dieu le libre arbitre
n'a de pouvoir que pour pécher ; qui
exigeroient de tous ceux qui font bap-
tifez les difpofitions qui ne convien-
nent qu'aux parfaits , & qui renou-
velleroient l'erreur profcrite par le
Concile de Vienne, & par le Concile
de Trente , que la concupifcence eft
éteinte en ceux qui font régénérez en
JESUS-CHRIST par le Baptême.

Sur les Vertus Théologales.

La Bulle condamne ceux qui enfeignent que la foi , foit actuelle , foit
habituelle , eft abfolument la premiere
Grace ; en forte qu'ils excluent du
nombre des Graces celles-même qui
préparent les Infideles à la foi, &
celles que Dieu accorde aux Héréti-
ques pour les rappeller à la verité.
Mais elle eft bien éloignée de condamner ce qui eft défini par le Concile de Trente , que la foi eft le com-
mencement du falut, le fondement ,
& la racine de toute juftification, &
ce qu'enfeigne faint Auguftin , que la
foi eft la premiere Grace, qui obtient
ce qui eft néceffaire pour vivre dans la
juftice.   B 2

Ceux-là font encore condamnez par la Bulle qui confondent les Vertus Théologales, & qui ôtent ces différences qui diftinguent la charité, proprement dite des autres vertus; qui enfeignent contre la décifion formelle du Concile de Trente, que le pécheur qui a perdu la grace, & la charité habituelle, perd en même-tems la foi; que celle qui refte en lui n'eft plus une véritable foi, parce qu'elle n'eft plus animée par cette charité; qu'il n'y a de vertu, ni d'acte d'efpérance, ni de culte, ni de réligion pour le pécheur qui a perdu la charité; qu'il eft dans l'impuiffance générale de faire aucun bien, & que la priére de l'impie, de quelque maniére qu'elle foit faite, eft un nouveau péché, parce qu'elle eft corrompuë par l'état d'impieté, où il fe trouve; qu'il n'y a point d'autres principes de nos actions que la charité habituelle, ou la cupidité habituelle; que dès que la cupidité domine dans le cœur du pécheur, elle corrompt toute fes œuvres; & que par cette raifon la juftification eft la premiére grace, parce que toutes les œuvres qui la précedent font des péchez.

Mais la Bulle ne donne aucune atteinte à ces véritez ; que dans tous les tems , l'homme n'a pû être justifié sans la foi en Dieu comme remunerateur , & en JESUS-CHRIST comme médiateur : que la Nation Juive a été le seul corps de peuple qui ait été par un titre particulier le Peuple de Dieu, qui ait constamment conservé depuis Moyse jusqu'à JESUS-CHRIST , le dépôt de la révélation & le véritable culte , & qui ait crû au Médiateur. Elle n'affoiblit en rien le plus grand des Commandemens , ni la Doctrine de l'Apôtre qui nous enseigne que celui qui n'a point la charité , est comme un airain sonnant , & une cymbale retentissante ; qu'il n'est rien , & que tout le reste ne lui sert de rien. Elle ne sçauroit faire douter de la nécessité de la charité , vertu Théologale, pour accomplir toute la Loi , pour faire des actions véritablement chrétiennes , & méritoires du Salut. Enfin elle ne contient rien de contraire à la censure que fit le Clergé de France assemblé en 1700. de différentes erreurs sur l'amour de Dieu. Elle ne donne par conséquent aucune atteinte à l'obligation de rapporter nos actions à Dieu , qui est le premier principe de la Réligion ; ce rapport faifant une partie effentielle du culte que nous devons au fouverain Etre., & de la gloire que nous fommes obligez de lui rendre.

Sur la crainte des peines.

La Conftitution *Unigenitus* anathématize avec le faint Concile de Trente ceux qui diroient , que la douleur de nos péchez fondée fur la crainte des peines de l'enfer , par laquelle nous avons recours à la mifericorde de Dieu, & nous nous abftenons du péché , eft un nouveau péché , & qu'elle rend les pécheurs hypocrites & plus criminels ; comme aufli ceux qui renouvellant les erreurs de Luther , feroient regarder comme mauvaife cette crainte falutaire , que le Concile de Trente déclare être un don de Dieu & un mouvement du Saint Efprit , qui prépare les voïes à la juftice.

Mais cette Conftitution ne renferme rien de contraire au fentiment de ceux qui enfeignent la néceflité de l'amour de Dieu pour être juftifié dans le Sacrement de Pénitence : fentiment pour lequel le Clergé de France affemblé en

1700. s'eſt expliqué en ces termes dans la déclaration qui ſuit. La cenſure. «
Que perſonne ne penſe être en ſûreté «
dans l'un & dans l'autre Sacrement «
(du baptême & de la pénitence) ſi «
outre les actes de foy , & d'eſperan- «
ce , il ne commence à aimer Dieu «
comme ſource de toute juſtice. «
Qu'un pénitent ne croïe point rem- «
plir ſuffiſamment ce qu'il eſt néceſ- «
ſaire de ſe propoſer dans l'un & «
dans l'autre Sacrément (du baptê- «
me & de la pénitence) de commen- «
cer une vie nouvelle & la pratique «
des commandements par leſquels on «
doit aimer Dieu de tout ſon cœur, «
& s'il n'eſt tellement diſpoſé, qu'a- «
vec le ſecours de la grace il s'excite «
& ſe provoque lui-même à l'obſer- «
vation des commandements .... «
Nous avertiſſons encore les Miniſtres «
de ce Sacrement (de pénitence) «
qu'ils doivent dire continuellement «
à ceux qui leur confient le ſoin de «
leurs ames , que pour faire pénitence «
il faut qu'ils entrent dans le chemin «
qui conduit à l'amour de Dieu com- «
mencé ; que cette route eſt la ſeule «
qui ſoit ſûre , & qu'ils pécheroient »
griévement en expoſant leur ſalut , «

»par cela-même qu'en faisant le con-
»traire, ils prefereroient le certain à
»l'incertain. On peut voir dans cette
déclaration, & dans la censure qui la
précede ; les principes les plus sûrs
ausquels on doit s'attacher, & les
maximes dangereuses qu'on doit éviter
sur cette matiere. On verra en même
tems que la Bulle ne contredit en
rien celle de l'assemblée de 1700.

Sur l'Eglise.

La Bulle conformément aux déci-
sions des anciens Conciles, anathématize quiconque refuse de reconnoî-
tre que l'Eglise n'est pas composée des
seuls élus, ni des seuls justes ; que les
réprouvez y sont mêlez parmi les élus,
les justes parmi les pécheurs, les foibles
& les imparfaits parmi les parfaits &
les forts. En un mot, qu'exceptez ceux
qui se font feparez d'elle, ou qui en
ont été retranchez, tous ceux qui sont
baptisez sont devenus membre de l'E-
glise, & en sont toûjours partie, selon
le Concile de Trente sess.13. c.14. can.
3. quoyqu'ils different les uns des autres.

C'eſt encore en nous conformant à la Bulle, que nous avons déclaré, que hors l'Egliſe il n'y a ni juſtice ni ſalut à eſperer : quoique hors l'égliſe il y ait des graces, puiſque les infidéles, & les héretiques n'embraſſent la vérité, & n'entrent dans le ſein de l'Egliſe que par le ſecours des graces dont Dieu les prévient. Nous avons crû auſſi qu'il n'eſt pas permis de dire en general, que l'homme puiſſe ſe diſpenſer d'une loi que Dieu a fait pour ſon utilité ; parce que cela n'eſt vrai que dans le cas d'une néceſſité indiſpenſable : quand on eſt dans l'impuiſſance d'avoir recours à l'Egliſe & lorſqu'il s'agit d'un precepte dont l'Egliſe peut diſpenſer.

Sur l'Ecriture Sainte.

Aucun de nous n'a pû penſer que la Conſtitution ait interdit aux fidéles l'Uſage des Livres ſacrez, & que le ſucceſſeur de ſaint Gregoire & de pluſieurs autres grands Papes, ait condamné une lecture à laquelle ſes prédéceſſeurs ont ſi ſouvent, & ſi fortement exhorté. Nous nous en ſommes ainſi expliquez ; & pour diſſiper les peines & les inquietudes des nouveaux réünis, nous avons commencé notre expofition fur la cenfure des propofitions qui regardent la lecture des Livres facrez, par faire connoître l'utilité infinie de cette lecture fainte, & par la recommander aux fidéles ; & ainfi ce que nous avons condamné avec fa Sainteté, c'eft de regarder la lecture de l'Ecriture Sainte comme un moïen abfolument neceffaire pour le falut de chaque fidéle en particulier, & de faire de cette fainte & utile pratique, un precepte pour la fanctification du Dimanche ; d'enfeigner qu'il eft permis d'expliquer l'Ecriture Sainte felon fon propre efprit, & de la lire fans foûmiffion à l'Eglife, & fans fubordination aux Pafteurs, & d'ôter aux Evêques le droit qu'ils ont de la retirer des mains des fidéles dans des cas particuliers.

Nous nous fommes expliquez avec la même exactitude, & la même précifion, en condamnant la 86e propofition. Nous avons approuvé & loüé l'ufage dans lequel font les Laïques d'unir leur voix à celle du Clergé pour chanter les loüanges du Seigneur ; nous avons juftifié cet ufage par l'exemple des plus grands, & des plus faints Evêques ; & n'avons condamné que ceux qui contre la décision du Concile de Trente blâment la pratique de faire le service divin dans une langue qui n'eſt pas entenduë du peuple, & de dire une partie du Canon de la Meſſe, & les paroles de la conſecration à voix baſſe ; & ceux qui auroient la témérité de regarder comme contraire à la pratique Apoſtolique & au deſſein de Dieu, l'uſage qui s'obſerve dans pluſieurs Egliſes de ne pas donner au ſimple peuple l'ordinaire de la Meſſe traduit en langue vulgaire.

Sur la Pénitence.

Nous avons ſuivi la même régle ſur ce qui regarde la Pénitence en marquant préciſément, que dans le cas des péchez griefs, & publics, des péchez d'habitude, de l'occaſion prochaine, d'une reſtitution & d'une reconciliation refuſées, ou trop long-tems differées, & generalement dans tous ceux où le penitent ne paroît pas ſuffiſamment inſtruit ou diſpoſé, il eſt très-utile & même neceſſaire de differer le bienfait de l'abſolution, & d'éprouver le pécheur avant que de le réconcilier, conformément aux avis de

Saint Charles, & au Rituel Romain; nous avons réconnu, que la Bulle né condamne que ceux qui prétendroient que pour quelque péché que ce fût, une partie de la satisfaction dût précéder l'absolution, & qu'il n'est jamais permis de réconcilier un pécheur sans délai.

Nous avons condamné avec sa Sainteté ceux qui rappellant l'ancienne severité de l'Eglise, blâment l'indulgence dont elle use aujourd'hui, & voudroient lexcure de l'assistance au sacrifice de la Messe les pécheurs qui ne sont pas encore réconciliez.

Sur l'Ecommunication.

Nous avons déclaré en condamnant, conformément à la Bulle, les propositions qui regardent l'excommunication.

1º. Que l'autorité d'excommunier a été donnée à l'Eglise en la personne des premiers Pasteurs; que ce pouvoir fait partie du pouvoir des clefs que Jesus-Christ donna immediatement aux Apôtres & dans leurs personnes aux Evêques qui sont leurs successeurs: mais que c'est une erreur de dire que les

Pasteurs

Pasteurs reçoivent le pouvoir d'excommunier du corps des fidéles , & qu'ils ne l'exercent que comme déléguez du peuple.

2o. Que les Evêques ne doivent point prononcer de censure que selon les causes énoncées dans les Canons , ni qui puissent être désaprouvées du corps de l'Eglise , & y produire de mauvais effets : mais que le consentement même présumé des fidéles n'est point nécessaire pour la validité des censures.

3°. Qu'une excommunication qui tendroit à nous empêcher de remplir des devoirs que le droit naturel , & la loi divine nous imposent, tels que sont le culte de Dieu , l'obligation de confesser JESUS-CHRIST , la fidelité que les sujets doivent à leur souverain , seroit notoirement & évidemment nulle ; & que la crainte d'une telle excommunication ne doit jamais nous faire manquer aux devoirs toûjours certains , & toûjours immuables ; qu'il ne dépend pas de l'ignorance , ou de la mauvaise volonté des hommes de retrancher les justes de l'Eglise , & de les mettre hors de la voie du salut : mais que les fidéles doivent craindre & respecter les cenfures de l'Eglife ; qu'il ne leur eft pas permis de méprifer l'autorité des Evêques, quand même ces Evêques en abuferoient ; que hors les cas d'une excommunication notoirement & évidemment nulle, tels que ceux que nous venons de remarquer, les fidéles ne doivent point s'en rapporter à leur propre jugement pour fçavoir fi l'excommunication eft jufte ou injufte, & fi ce qu'ils croïent un devoir eft veritablement un devoir ; que dans ce doute la préfomption eft toûjours pour le fuperieur, & qu'ils ne doivent pas fe difpenfer de déferer aux cenfures, fous prétexte de s'abftenir felon les régles du droit Canonique, lorfqu'elles font introduites par des fuperieurs legitimes.

Sur les Perfecutions.

Nous avons condamné avec fa Sainteté les dernieres propofitions profcrites par la Bulle, parce qu'indépendemment de ce qui fe trouve repréhenfible dans ces propofitions, & qui eft expliqué dans notre Inftruction Paftorale, les perfecutions des Juftes, & l'oppreffion de la verité par la violence de

quelques Princes & de quelques Evêques, y font dépeintes avec des traits
qui préfentent des applications odieufes le premier Pafteur de l'Eglife, &
les puiffances temporelles qui nous
gouvernent comme des perfecuteurs
de la verité & de la juftice : mais cette
condamnation n'emporte rien de
contraire à ces veritez inconteftables.

Que communément Dieu ne fait
fouffrir que ceux qui ont mérité
d'être punis ; que le péché foit originel,
foit actuel, eft la caufe la plus ordinaire des peines que Dieu fait fouffrir
à fes créatures ; mais qu'il afflige quelquefois les Juftes pour perfectioner
leur vertu, & pour augmenter leur
mérite ; JESUS-CHRIST, aïant annoncé
des perfecutions, & des fouffrances à
ceux qui voudroient le fuivre ; Job,
les Martyrs, & principalement la
fainte Vierge en font la preuve.

Que les fouffrances & les perfécutions ne font point une remarque cer-
taine . . . . . . que ce feroit un excès
trés-condamnable de céder aux puiffances en abandonnant la verité qu'elles perfécuteroient ; que ce feroit un
autre excès de vouloir rendre les puiffances odieufes en les repréfentant

comme déclarées contre la justice & la verité. Enfin persuadez que selon l'esprit de l'Evangile , l'usage des serments doit être rare parmi les Chrétiens,& que cependant il est permis de jurer , pourvû que suivant la parole du Prophéte , dont les Théologiens après saint Jerôme ont fait une régle , le serment soit fait en verité, en justice & en jugement ; nous avons déclaré en condamnant avec sa Sainteté la derniere proposition , que c'est se parer d'un faux respect pour la religion du serment , que de mettre au rang des serments témeraires , & illicites ceux que l'Eglise a prescrits en differentes occasions , sur tout dans la condamnation de l'erreur , comme elle en use aujourd'hui dans la signature du formulaire.

Nous venons d'exposer à V. A. R. nos veritables sentiments sur la Bulle d'une maniere courte & précise ; & nous nous flatons qu'elle trouvera que la verité a été parfaitement éclaircie , & que l'on a suffisamment prémuni les fidéles contre les fausses interprétations que des personnes mal intentionées ont voulu donner de la Constitution. Ainsi il ne nous reste plus qu'à détruire la fausse accusation qu'on a eû la témerité de former contre nous, par rapport aux libertez de nos Eglises ; quoique veritablement elles aïent été pour nous un objet principal, parce qu'en effet, il nous appartient principalement de les conserver & de les défendre. Nous ne nous arrêtons point, Monseigneur, à refuter en détail les objections qui ont été faites contre nous, elles seront détruites entierement par la simple exposition de ces deux veritez, l'une qu'il n'y a jamais eu de Bulle qui ait plus ménagé nos libertez, l'autre qu'il n'y a jamais eu d'acceptation par laquelle elles aïent été mieux soûtenuës.

La Bulle peut être considerée par rapport au fond, ou par rapport à la forme, quant à ce qui regarde le fond, nous n'y avons rien vû de contraire à nos libertez. Ce ne seroit qu'en abusant de la condamnation des propositions qui regardent l'excommunication qu'on voudroit soûtenir sous le prétexte de cette cenfure, que les menaces d'une cenfure injuste pourroient suspendre l'accomplissement des devoirs les plus essentiels, & les plus indispensables. La seule proposition 91ᵉ de l'excommunication a pú allarmer quelques personnes par les consequences qu'elles

ont craint que l'on en peut tirer. Mais
ne les avons-nous pas écartées ces mêmes conſequences, en condamnant la
propoſition dont il s'agit ; quand nous
avons déclaré qu'une excommunication qui tendroit à nous faire manquer
à nos devoirs certains & immuables,
tels que les ſont le culte de Dieu, &
la fidelité qu'on doit à ſon Prince & à
ſa patrie, ſeroit notoirement nulle,
& qu'on ne devroit pas y déferer ?

Quant à ce qui regarde la forme,
Monſieur l'Avocat General portant la
Conſtitution au Parlement pour la faire enregiſtrer, s'eſt expliqué en ces
» termes. Vous ne trouverez point,
» Meſſieurs, dans la forme exterieure
» de cette Conſtitution ces clauſes or-
» dinaires contre leſquelles notre mi-
» niſtere nous a obligé de nous élever
» tant de fois dans ce Tribunal ; en effet
» ce n'eſt point un decret de l'Inquiſi-
» tion ; ce n'eſt point un ſimple Bref ;
» c'eſt une Bulle revétuë des formes
» les plus autentiques. Loin de ſe ſer-
» vir de ce terme ſi uſité dans les Bulles,
» & qui a pluſieurs fois excité le zéle
» des Evéques & la vigilance des Ma-
» giſtrats *motu proprio*, ſa Sainteté a
» déclaré, que c'eſt à la priére de plu-

fieurs Evêques de France , & à celle «
du Roi-même qu'elle a accordé la «
Conftitution. Le livre des Reflexions «
morales n'eft point condamné d'une «
maniére vague & fans détermination «
à aucune erreur particuliere; on en a «
tiré les propofitionsqui font connoître «
quelle eft la doctrine qui a été prof- «
crite. Le Pape ne dit point qu'il agif- «
fe par la plenitude de puiffance ; il «
ne prononce qu'après avoir pris l'avis «
de plufieurs Théologiens , & les fuf- «
frages de plufieurs Cardinaux. L'ex- «
communication lancée contre ceux «
qui contrediroient à la Bulle ne défi- «
gne point *Perfonas fpeciali notâ dignas.* «
Enfin on n'y voit point ce qui paroî- «
troit oppofé à la liberté de notre «
acceptation, qu'affichée & publiée au «
champ de Flore , la Bulle oblige en «
tous les lieux du monde. A l'égard «
des autres claufes , elles font de ftyle ,
& elles n'ont jamais été relevées, quoi-
qu'elles fe trouvent dans les autres Bulles qui ont été reçûës en France. Ces
circonftauces, Monfeigneur , ont été
omifes dans tous les libelles qui ont
été répandus contre le Pape & contre
nous ; & leurs auteurs uniquement
occupez à décrier la conduite de ceux

qu'ils doivent refpecter , ont eu grand foin de les fupprimer. Ils n'avoient garde de faire remarquer l'attention de fa Sainteté à fatisfaire le feu Roi qui en demandant la Conftitution au Pape , avoit éxigé qu'il n'y eût rien de contraire à nos mœurs & à nos ufages.

Votre Alteffe Royale en voit affez pour être convaincuë , qu'il n'y a ja- mais eu de Bulle qui ait plus ménagé nos libertez. Pour lui faire connoître qu'il n'y a jamais eu d'acceptation qui les ait mieux foutenuës que la nôtre , il fuffira d'expofer notre conduite , & de la comparer avec les exemples que l'Hiftoire Ecclefiaftique de Fran- ce nous peut fournir. C'eft un grand point dans tout ce qui regarde l'ad- miniftration de nos Eglifes , de ne nous point écarter des traces de nos prédéceffeurs ; & c'eft par-là que nous foutenons nos droits , & nos préroga- tives. Dès que les Prélats convoquez par ordre du Roi , furent affemblez en 1713, & qu'on leur eut donné com- munication de la Bulle qu'on leur propofoit ; après les formalitez & les cérémonies ordinaires , le premier foin fut de nommer des Commiffaires qui ayant examinez toutes les matié-

res qu'elle traittoit, en firent leur rapport. On ſçait aſſez l'application qu'ils
ont apportée à leur travail ; qu'ils y
ont employé trois mois entiers ; que
leur rapport occupa les ſéances de
près de deux heures chacune ; que les
déliberations des Prélats commencées
dans la ſéance du 22. Janvier, furent
continuées pendant deux autres ſéances ; & qu'enfin l'Aſſemblée prononça,
qu'elle reconnoiſſoit avec une extrême
joye dans la Bulle la Doctrine de l'E-
gliſe ; qu'elle acceptoit ladite Bulle a-
vec reſpect & ſoumiſſion ; qu'elle condamnoit le Livre & les cent une Propoſitions qui en avoient été tirées de
la maniére, avec les mêmes qualifications, que le Pape les avoit condamnées ; que pour prémunir contre les
mauvaiſes interprétations des perſon-
nes mal intentionnées, il ſeroit fait
& arrêté par l'Aſſemblée avant ſa ſé-
paration, un modéle d'Inſtruction
Paſtorale, que tous les Evéques qui y
aſſiſtoient, feroient publier dans leurs
Diocéſes, & qu'on écriroit à tous les
Evéques, en leur envoyant les Actes
de l'Aſſemblée, pour les exhorter à
s'y conformer, cela a été en effet exé-
cuté. Il eſt encore à propos d'obſer-
ver que l'acceptation de la Bulle du

23. Janvier, & l'Inſtruction Paſtorale approuvée le premier Février, ont été renfermées ſous une même ſignature.

Le Procès verbal fait foi de tout ce que nous avançons, Monſeigneur. Peut-on après cela nous ſoupçonner d'avoir reçu la Bulle ſans connoiſſance de cauſe ? nous regarder comme de ſimples exécuteurs des Décrets Apoſtoliques ? Quoi, l'on verra dans notre Procès verbal que le rapport de Monſeigneur le Cardinal de Rohan, a montré évidemment qu'il n'y a aucune des Propoſitions qui ne mérite au moins quelqu'une des qualifications, & qu'il n'y a aucune des qualifications qui ne puiſſe s'appliquer à quelqu'une des Propoſitions! L'Aſſemblée enſuite de ce rapport aura reconnu la Doctrine de l'Egliſe dans la Conſtitution, elle l'aura acceptée, elle aura condamné le Livre & les Propoſitions de la maniére & avec les mêmes qualifications que le Pape les a condamnées ! Elle aura déclaré qu'elle a jugé néceſſaire de faire une Inſtruction Paſtorale pour faciliter l'intelligence de la Bulle ! Elle s'en ſera expliquée ainſi en mandant au Pape même que cette Inſtruction ſeroit comme une eſpece de rempart,

& de digue oppofée aux interprétations fauffes, & contraires au véritable fens de la Conftitution ! Elle aura voulu enfin que cette Inftruction
fût publiée dans tous les Diocéfes des
Evêques qui affiftérent à cette même
Affemblée ; qu'on invitât tous les Evêques de France de l'adopter, & qu'elle
fût renfermée avec l'acceptation fous
une même fignature , afin que n'en
étant point féparée elle établît l'uni-
formité dans les fentimens , & dans les
expreffions ; elle prévint les nouvelles
difputes ; qu'elle prémunît contre les
fauffes interprétations des perfonnes
mal intentionnées ! Et l'on dira que
cette Affemblée , & que tous tant que
nous fommes qui avons fuivi fon
exemple , nous avons reçu la Bulle
fans unir nos fuffrages avec connoif-
fance de caufe , & après une mûre
difcuffion , au jugement du Chef de
l'Eglife ; en prononçant avec fa Sainteté la condamnation des erreurs qu'elle profcrit ! Non , Monfeigneur , cela ne fe peut penfer.

Que fi de l'examen de ce qui s'eft
fait dans l'Affemblée de 1714. nous
remontons aux exemples que nous ont
donné nos Prédéceffeurs , nous trou-
verons notre conduite manifeftement

autorifée. Qu'on confulte en effet la Lettre des quarante-cinq Evéques des Gaules à faint Leon, qui jointe à celle de ce grand Pape, fait un des plus beaux monumens de l'Hiftoire Eccléfiaftique ; on trouvera que nous avons adopté les mêmes expreffions ; & quels guides plus fûrs & plus éclairez pouvons-nous fuivre ? Qu'on confulte l'Affemblée de 1653. elle a toujours été regardée comme un modéle de la force & de la dignité Epifcopale. Elle a reçu la Bulle d'Innocent X. précifément comme nous avons reçu celle de Clement XI. & nous avons remarqué comme cette Affemblée, que l'union des Pafteurs avec leur Chef a été regardée dans tous les tems comme le moyen le plus affuré de réprimer l'erreur, & d'empécher les progrès par une condamnation uniforme ; foit que les Evéques l'ayent prononcée par un premier jugement, comme ils ont droit par leur facré caractére, & qu'ils fe foient enfuite adreffez au faint Siége en l'acceptant, & la faifant exécuter dans leurs Eglifes ; & que pour lors les Evéques fe font regardez comme ayant l'honneur d'avoir le Souverain Pontife à leur téte, & de prononcer un même Jugement avec lui.

Nous

Nous finirons, Monseigneur, en vous rappellant ce qui s'est passé dans l'Assemblée de 1700. Elle censura cette Proposition : *Les Evéques sous prétexte de défendre nos Libertez, les ont affoiblies, en relevant la Constitution d'Innocent X.* L'Assemblée a donc approuvé l'acceptation qui a été faite de la Bulle d'Innocent X. par l'Assemblée de 1653. Elle a donc aussi approuvé la nôtre par avance, puis qu'elle s'y est entiérement conformée, & que s'il y a quelque différence, elle est à notre avantage.

En vérité, Monseigneur, on ne nous auroit jamais fait sur cet article des objections aussi frivoles que celles qui se trouvent dans les Libelles des Novateurs, s'ils n'avoient été allarmez de notre union avec le Saint Siége. Elle sera toujours notre gloire & notre force pour terrasser leurs erreurs. Ils avoient interêt de nous désunir pour éluder par une diversion qui est toute leur ressource, la décision qu'ils condamnent. Ainsi, loin que leurs reproches nous fassent repentir de ce que nous avons fait, ils ne servent qu'à découvrir leurs mauvaises intentions, & qu'à justifier notre conduite.

Nous nous flatons, Monseigneur,

d'avoir rempli l'objet que nous nous étions proposé. Nous n'avons pas ignoré que quelquefois les Evêques mêmes doivent rendre compte de leur foi dans de certaines circonstances. Dans celle-ci rien ne pouvoit nous y obliger : mais aussi disposez à nous porter à l'éclaircissement, & à la défense de la vérité, que fermes & inébranlables dans ce que nous avons fait; nous ne nous sommes pas permis d'écouter les raisons qui auroient pû engager au silence. Nos vœux pour l'unanimité, & notre profond respect pour la Personne de V. A. R. nous en auroient fait un crime.

Puissiez-vous, Monseigneur, accomplir le grand ouvrage de la paix que vous avez entrepris ! Puisse le Dieu de Paix, en l'inspirant dans tous les cœurs, bénir les pieuses intentions de V. A. R. ! Puissions-nous aussi par la Justice que nous vous demandons avec instance, & que vous nous avez fait esperer, voir réparer dans peu les differens torts qui ont été faits à l'Episcopat, à l'occasion des troubles qui agitent l'Eglise !

F I N.

www.ingramcontent.com/pod-product-compliance
Lightning Source LLC
LaVergne TN
LVHW010435060726
842526LV00005B/1804